Yeppa Part VI

We

The Yeppa Song

Sing the song
all time long
See the positive side
the right
to say Yes

Yeppa is the answer
near not so far
be a part of all

Sing the song

All time long

See the positive side

the right

to say Yes

The light comes now

and must see how

bright is the light

Sing the song

All time long

See the positive side

the right

so say Yes

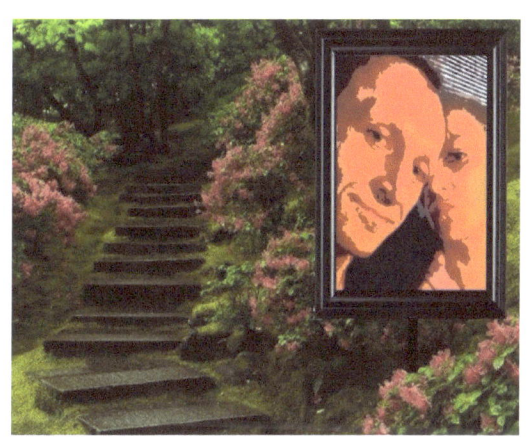

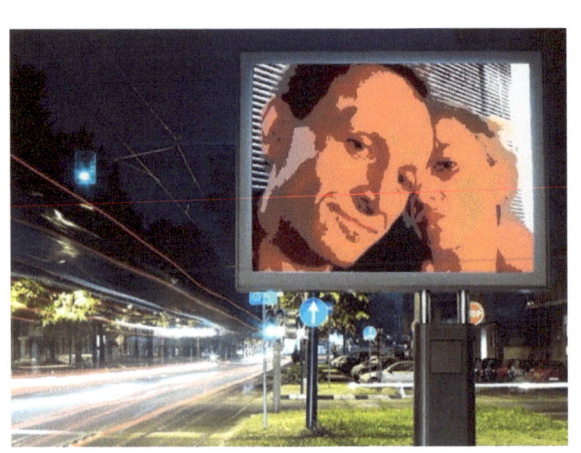

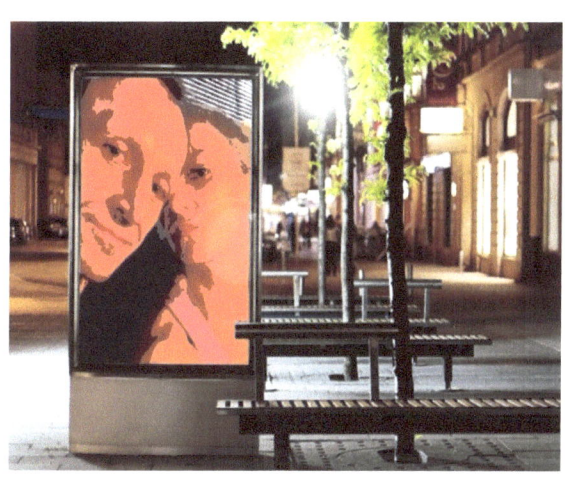

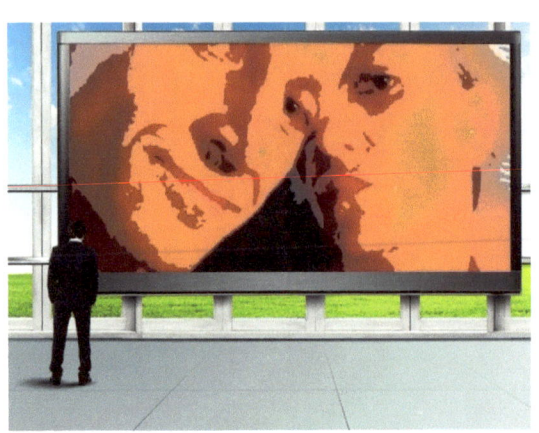

Right in the middle of
action

that is the reaction

of being active -

it is the magical

and tragical

move of seeing the proof

to choose the act

that is fact!

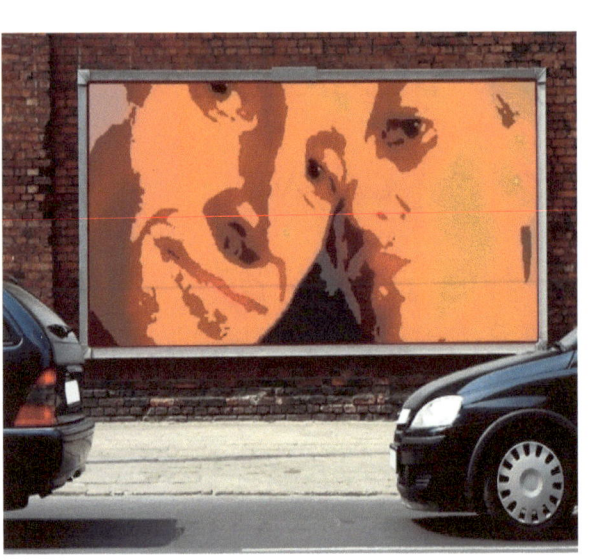

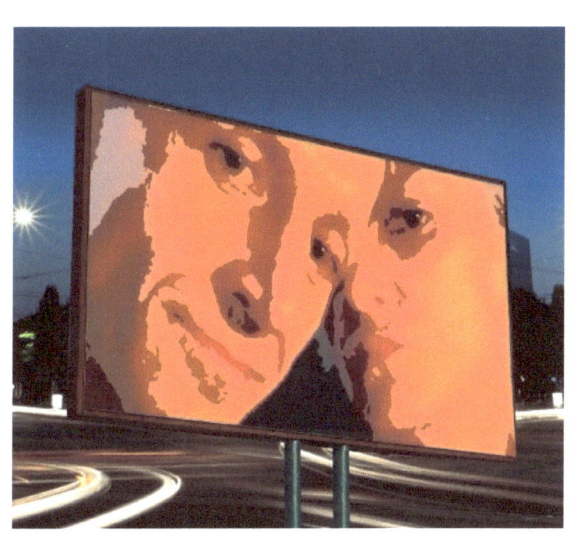

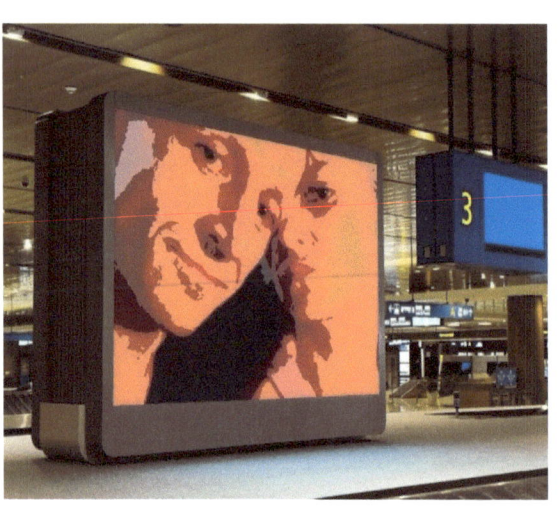

Advertise the right

be at the side

of the good thing

every time doing something

flying on the wing

of right and honour

more and more...

What is that?

What is fact?

Fact is that the poetry

is the key

for the sight

the mix of imagine

and new fashion

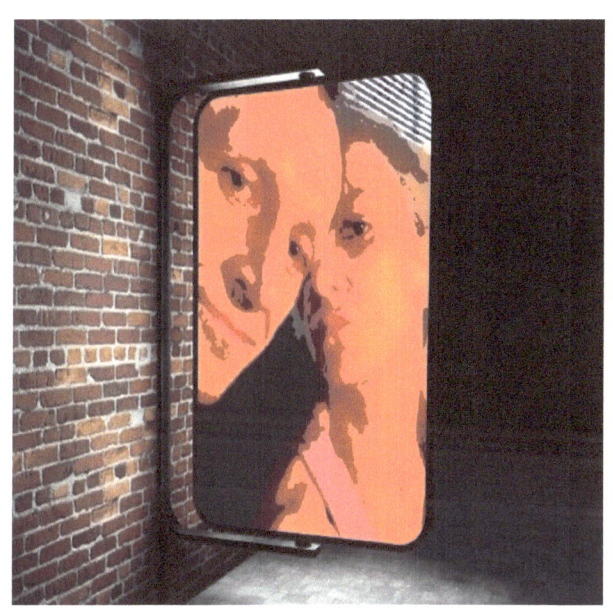

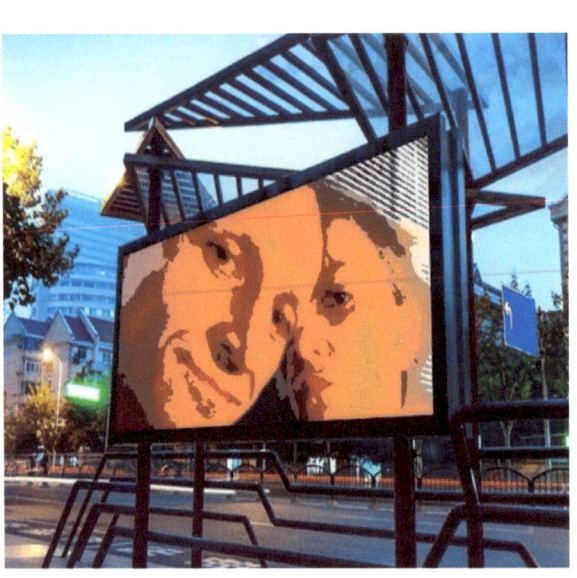

To show the profil of author in many languages, now in finnish:

Lyhyt kuvaus

Lyhyt teksti minulle: Löydät, jos haluat pitkän tekstin minusta, vain lopettaa kirjani! Huomautus Dirk Feiler osoittaa teoksessaan kuin energinen tutkimusmatkailija itse. Hänen kokemuksensa psykoosiin aeuseren muodostavat kehyksen ja henkilökohtainen syy hänen taistelu eksistentiaalinen toteutumista, joka avaa sen jälleenrakentamiseen yrityksistä ja ulkoa maailmoja filosofisia polkuja. Assosiatiivinen Erzaehlstil kirjailija sopii keventää kognitiivisia rakenteita lukija ja johtaa tätä omasta todellisuudesta ulos. Ne, jotka seuraavat tätä polkua on mahdollisuus alkaa ymmärtää ihmisen rajatapauksia kokemuksia kuten kokenut El-ner psykoosi. Paitsi todellinen sisältö, se on kielellinen muotoiluun - ja Expressions Dirk Feiler, jolloin teksti vahva tunteelle ja lisätä sen vaikutusta kestävään. Tarkasteltaessa kirjan mukaan kirjallisuuden näkökulmasta, voimme siis puhua taideteos. Roland Schmitt on psykologi, Masurenhof -. Sosiaaliset psykiatriseen laitokseen, Tiefthal

Julkaisija kirja

Tämän kirjan julkaissut, se on täällä kutsutaan oikein, koska tämä kirja halusi siirtyä muihin kustantaja, julkaisija, eli BOD joka toi tämän kirjan ulos, ei ole jättänyt kommenttia tästä kirjasta. Seuraavissa kommenteissa on siis vain yksi monista kommentteja

tästä kirjasta eikä ""
Kustantaja: Tämä työ
voidaan lukea
lääketieteellisen protokollan.
Kirjailija itse, kuka näkee
Työn tarkoituksena
erityisesti työstämisen
menneiden kokemusten,
ovat kehystetty abstrakti -
vihjailevia, mutta jännittävä
ja koskettaa häntä
ympäröivästä maailmasta.
Sairaat ja terveet ihmiset
saavat muun muassa
lukuisia viittauksia filosofian

ja elämän sääntöjen käytännön ideoita elämään. Kirja tekee rohkeutta. Literareon, München.

Kirjoittaja Kommentti

Tämä kirja Kirjoitin, koska olen "seurata" "erityinen" huolenaiheita. Nykyään se on valitettavasti edelleen tapauksessa, että ihmiset mielisairauteen kanssa ihmiset sekoittavat jotka ovat kehitysvammaisia, nämä ovat ihmisiä, joilla on mielisairaus usein vain ihmisiä, jotka ovat kokeneet tietoisuuden laajentuminen, lisätään usein huumeita, mutta Useimmiten huono sosiaaliset olosuhteet lapsuudessa. Monet ovat myös lisääntyneet alueella Esoteric ja olivat siten "sairas." Mutta he vain tehneet pois itsekkyydestä ja koska he etsivät elämän tarkoitusta ja Jumalasta kuten me kaikki, jotkut ihmiset eivät tätä vain voimakkaampi kuin toiset. Dalai Lama on avoin tiedotusvälineille, että hän kuulee ääniä. Hänelle se on aivan normaalia hänelle se on aivan normaalia, että kun hän menee päivä valtakunnassa kuollut puhua heille. Minulle tämä on myös normaalia tänään. Vain alussa, kun se alkoi kuulla ääniä, olin hyvin yllättynyt. En voinut ymmärtää, miten joku voi kuulla ajatuksiani ja että kuuntelen pitkään kuollut. Tutustu kertaa Nykymaailmassa on tuhansia tällaisia kertomuksia. Missä on ongelma? Olen, voin sanoa itselleni ja toiset sanovat, että liian, ihana ihminen eikä sairas eläin. Myös aivoni ei ole vaurioita tai jotain muuta on sairas kehoni, minulla on vain laajentunut tietoisuus ja kuulen ääniä, koska minulla on korvat, kuten sinäkin. Mikään ei ollenkaan epätavallista. Mikä on iso juttu, jos teen äänellä että salainen numero asiakkaani kortti on nimeltään, jos olen unohtanut ne tai varoittaa minua auto tulee, minä koska olen tätä käsitystä, työskentelee pohjaten? Ei kiitos. Ei minulle.

Marraskuu 2014: Vaimoni on minun suurin fani, hän on lukenut käsikirjoituksen vuonna 2000, ja jaetaan, erityisesti kun hän työskenteli tuolloin vuonna

soz Psych tarkoittaa ...
Kaikki heidän harjoittelijoita
"piti" lukea sitä. Nyt se ei ole
enää tilaa itsensä kirjallisesti.
Vaimoni on yhteensä
kirjallinen heinäkuun 2013 ja
marraskuu 2014 15 kirjaa,
käytettävissä
kansainvälisesti ja eBook.
Under hänen nimimerkillä
Mel Feller ja nykyinen
mukaan hänen oikea
nimensä. Sinun
Autorenportrait:
http://www.amazon.de/Mel-

Feller/e/B00JAWTGII ja
http://www.amazon.de/Tanj
a-M.-
Feller/e/B00PHIJ6PM/ref=
ntt_dp_epwbk_0

Kesäkuussa 2013. joku
ulkomailta lähetti minulle
sähköpostia pyytäen apua,
hänen vaimonsa, ja lopulta
ihmisiä, jotka tekivät työtä
edessään, kyllä, se on noin
Barack H. Obama, Michelle
Obama, Bill Clinton ... Sitä
seurasi lukuisia
sähköpostiviestejä, tietenkin

olen auttanut. Sähköposti kirjeenvaihto on dokumentoitu kirjojen vaimoni. Vaimoni menee läpi sitoumuksensa viime aikoina, Mail, Michelle Obama sanoo hän ylpeä vaimoni. Tietoja minusta: "Olet sydän ja sielu OFA". Olen sijoittanut paljon aikaa tässä työssä, mutta vaimoni ja minä olemme tiedemiehiä - humanistit objektiivisuus on meille erittäin tärkeää. Terve määrä etäisyyden on oltava keskittyä omaan työhönsä. Olen uudelleen minun verkkotunnuksia, olen kumppani ja tukija työskentelevien järjestöjen ihmisille, kun kaikki, vaimoni ja minä tietysti koskaan menettänyt ensisijainen hanke päivähoito pois näkyvistä. Kesäkuu 2013 oli aika, jolloin olen tavannut joitakin "tähdet", vaimoni on ystäviä Candice Swanepoel.

We say Yes to Yeppa